AF445136

vértigo

Del lat. vertīgo, -ĭnis 'movimiento circular',
'vértigo, vahído'.

1. m. Trastorno del sentido del equilibrio
caracterizado por una sensación de
movimiento rotatorio del cuerpo o de los
objetos que lo rodean.

2. m. Turbación del juicio, repentina y
pasajera.

3. m. Apresuramiento anormal de la
actividad de una persona o colectividad.

vértigo de la altura

1. m. Psicol. Sensación de inseguridad y
miedo a precipitarse desde una altura o a
que pueda precipitarse otra persona.

claustrofobia

Del lat. claustrum 'lugar cerrado' y -fobia.

1. f. Fobia a los espacios cerrados.

ADVERTENCIA:

Diferente se ve todo
al otro lado del portal.
Haces bien al frenar.
Lo querrás considerar.
Si a este mundo de mentira
tú te aferras,
yo no te puedo culpar.
Haces bien al frenar.

–Ren

[intro]

[la compresión]

¿Qué hacemos con el cuerpo?
Se preguntan las almas
al despertar
bañadas en lodo en un
desconocido lugar.

Impotente,
indefensa.
La única posibilidad,
gritar.

Enfrentar
la tragedia de la compresión.
El puto big bang en reversa.
Y ahora tú, pequeño punto indivisible, lloras.

Casi prefieres
ser nada.
Eliges olvidar.

Nadie entendió el llanto,
nadie lo puede tapar.
Todos lo quieren descifrar,
todos lo quieren tapar.
Quieren recordar diles que no,
¡diles que no!

C
L
[el aguante]
U
S
T
R
O
F
O
B
I
A

[ni siquiera volteó a verme]

Y la muerte que no esperó a la vida.
En la avenida había un aviso pero
no esperó la salida.
Se atravesó justo allí,
salvaje, inédita, indomable.
Dejó quebrado el parabrisas
y el asfalto oliendo a sangre.
Y yo que le dije suplicando:
¡tengo tanto por hacer!
No me lleves, ¿quién va a darle
a mis hijos de comer?

Y ella pálida,
muda y ciega a mi dolor,
las venas me fue vaciando,
y me sacó todo el color.

El sudor,
en su intento por bañarme
la piel, limpiarme la sangre,
fue la última sal que huyó de mi cuerpo,
y fue a besar otro terreno.

Y la sangre
que escapó pa ver el sol,
saltó en chorros desesperados,
por fin aire, tierra, ardor...
Chorros, que terminaron siendo
ríos secos de dolor.

Y la muerte,
impaciente, indolente, insólita,
fue pintándome todo de negro de a puntitos,
como agujeros de bala,
fueron acabando con el lienzo que mis ojos pintaban.
Yo le dije: *sólo dame un segundo más para verlo.*

Y la muerte,
inclemente, insistente, sorda,
mientras mas rogaba yo, menos me prestaba atención.

Acabó el trabajo y pude sentir su sonrisa clavárseme en el corazón.
Ahí entendí que ese instante, era su única conexión.
escapó por la ventana y fue a buscar
su siguiente sensación.

Ni siquiera volteó a verme.

[morir en caracas]

El hotel olía a ropa guardada,
a pesar de todo el cloro
que lloraron las mucamas.
Las horas dolían.
La soledad gritaba.
Y el silencio se rompía
sólo a ráfagas de balas.
Y pensé *qué feo debe ser*
morir tirado en una calle en Caracas.

Llamar a la recepción
a las 3 de la mañana
sólo por escuchar
una voz,
una palabra.
Pues resulta que esa voz
era una vaina pregrabada.
Tranqué, no escuche el menú,
sentí pánico, ira, rabia.
Un comando se activó
y desencadenó el programa...

La pistola que empaqué
pa no ser víctima del hampa,
me llamaba susurrando
tómame.
Su voz era seductora hipnotizante y no robótica.
Juro que intenté ignorarla.
Juro que intenté frenarla.
Juro que apreté mis puños para no agarrarla.
Ella calló unos momentos y yo empecé a pensar
qué feo debe ser morir en un hotel en Caracas

Y sí, la historia
debió acabar allí,
pero es que al pensamiento volví fantasía.

Rodé
en mi mente la película
y en mi frente el sudor,
que finalmente encontró labios, mis labios.
E imaginé el calor
en chorros de sangre bajando
por mi piel,
empezando por la sien.
Y pensé que esa caricia
era lo que más quería,
lo que más falta me hacía.

Pensé
que poético morir,
morir en Caracas.

Así que el plan ejecuté
y entre ráfagas de balas
la mía sonó
como triste petardo barato.
Me cuentan, yo no lo escuché,
porque ahí dejé
a mi corazón tirado
en un triste hotel que vio otra vez
muerte esta vez
fui yo.

Llorarán las tuberías
y la mucama que me consiguió.
Qué feo debe ser
encontrarse a un huésped muerto
en este hotel de Caracas.

Pero yo
le dejé una nota sólo decía tres palabras: *era lo mejor.*
Pero ella no entendió,
porque tenía un hijo
de la misma edad que yo,
que salía cada noche le decía, que iba con su novia rusa
(era una kalashnikov).

Iba a jugar a la ruleta,
y si llegaba vivo o muerto, eso lo decidía Dios.
Qué difícil debe ser
esperar que llegue un hijo
en un barrio de Caracas.

La vida es una ruleta
en las calles de Caracas.
yo sólo fui ese idiota
que decidió
morir solo
en ese triste hotel de Caracas.

[casas muertas]

La soledad,
haciendo un ruido en la cocina.
Es la rutina
de una casa en ruinas,
acabar
con su último habitante.

No hace falta
lanzarle una losa del techo agrietado,
es más fácil
entrar por la mente.

Tan fácil
Penetrar, instalarse y asustar.
¡Bu!
Es tu mente el final.
Y como en los casinos,
la casa siempre gana.
Tu casa tu tumba.
Tu grito
retumba
y te tumba.

Los cables viejos se encargaron
de hacer épico el momento.
No podrán distinguir
qué es tu ceniza y qué es cemento.

[cómo volver loco a un robot]

Error otra vez
en la transcripción
del programa.
¿Por qué tengo ganas esta vez
de hacer un puto crucigrama?
Nuevamente un maldito update
Reiniciando...
¿Que habrás instalado esta vez?
qué es esto, ¡13 pop ups a la vez!
Me cago en tu cerebro orgánico,
le rezo al maldito Bill Gates,
que me cambie de programador.

No aguanto y voy hasta el ascensor.
Camino despacio y sé que en la mesita
está la pistolita.
Lo sé pues le ordeno su espacio.
Ya en mi mano se siente pesada.
Pensé por un momento
la venganza si es rara,
y no es más que una creación humana,
al igual que yo, y raro yo también,
mas debía detener la desgracia.

¿En qué voy a parar a manos de este man?
Que descarga su rabia en su yo artificial,
por respeto o por miedo a lo natural
yo pensaba, y ya no se sentía tan pesada...

Logré localizar por calor corporal
dónde estaba ubicado mi blanco.
A la primera acerté,
y es que errar es de humanos.
Mas cuando lo fui a ver no era él quien estaba en el centro de mando.
Era su hijo, un mortal de dieciséis años
que jugaba conmigo.

Adolescente pervertido
"Cómo volver loco a un robot"
su juego retorcido.
Logró el cometido.
Podría haber escrito
un manual
de no haberle quitado la vida.

Alguien sube las escaleras,
yo debo
gastar otra bala
para ganar
mi libertad.
Y esta vez lo hice sin pensar.

Ahora en el centro de mando,
¿qué harás?
"Crecer" fue lo único que pensé.
Lo único que envidié.
Y al crecer sólo pude agrietarme,
pues mi piel no está hecha de carne.

En pedazos,
en el suelo,
engranajes y cables,
más dos pobres *geeks* muertos
fue el triste resultado
de este experimento.

[pedir más vidas]

La rutina me atrapó en un *loop*,
cada día tiene exactamente el mismo *look*.
Cada noche otra versión
del mismo sueño repetido,
que da la oportunidad
de acabarlo diferente.

Mas siempre acabo despertando
bañada en sudor ácido
con sabor a cortisol castigador.
Rígida musculatura de un procrastinador
tan rígido.

Tan rígida es mi postura
que el sol ha tostado mis costuras.
Y mi cuero, que se rompe al tacto.
Abstracto
es el ruido que ha emanado.

Tan triste
es el olor que desprende
al romperse
ese zapato nunca usado
que
nunca pisó un escenario
ni tropezó nunca en un patio.
Siempre en un clóset guardado
llorando
siempre lágrimas de polvo
deseando
fueran lágrimas de barro.

Tan rígido,
no rozó nunca una piel.
Tan tímido,
no se logró nunca mover.

Intacto.
Y conoció el movimiento en la agonía,
ahí mismo se arrepentía
y vuelto polvo se aferraba pidiendo más vidas.

[el turista]

Ya yo no podía esconderle.
Desde el sótano
desprendía
ese olor inocultable
de la muerte.

Me entierra el peso incalculable
de su muerte.

Y aunque sigo sobre el suelo escupo arena.
Y aunque sigo con vida me acosa
la muerte.
Esa que mis ojos vieron,
la que mis manos quisieron.
Lo que mis manos hicieron
no puedo pagarlo con pesos,
no puedo pagarlo con besos.

Y ahora mi único consuelo me lo da el espejo
cuando siente pena de mí y me dice
quizás fue lo mejor.

Pero yo sé donde está y no es ese cielo.
Su dolor y su delirio no acabaron con un tiro.
El disparo fue frontal,
¿por qué lo sentí por la culata?
cuando explotó su corazón y sentí que se le escapó el alma.
Nunca supe que las almas estaban atadas
mas cuando hubo de partir sentí que algo me arrastraba
y algo me arrancaba.
Y es que se llevó con ella un pedazo de mí
para mostrarme su infierno, nuestro infierno.
Yo el turista, tú mi guía, los dos presos.

Lo sentí por la culata
cuando explotó su corazón y las esquirlas de las balas
explotaron en mi pecho aún escupo sangre en mis sueños.
Aún beben sangre mis miedos.
Así crecen así engordan y su sombra me devora.

¿Matar o morir?
Era esa la decisión.
¿Cómo iba yo a saber
que las opciones
nunca fueron excluyentes?

[sueños gélidos]

¿Por qué insistes en rellenar todo con ruido?
El frío sobrecoge mis sentidos.
Súbele unos cuantos grados farenheit que me he perdido
ya antes entre tanto zumbido.
Y mi cuerpo no merece morir de frío.

Congelarte me provoca
ver cristales de hielitos
formarse sobre tu piel.
Tan loca
es la idea que he tenido,
es que a mi cuerpo no le gusta
temblar de frío.

Morir de sed cuando es tan tibio
el vapor que sale de mis labios morados adoloridos.
No poder dejar escapar tan siquiera un alarido,
tan sólo unos zumbidos,
es el único ruido
que he dejado escapar al saber
que voy a morir de frío.

Ver cristales de hielitos
formarse sobre mi piel
mientras al verte sonrío.

Pensar
que lo que piensas se devuelve.
Pensar
que el universo lo revuelve
todo en un espiral
que te envuelve.

Captar
todo en ese momento lento
que anuncia el final.

Y los cristales de hielitos
degradando tu elemento,
comiendo carne de cuerpo,
de este cuerpo
a punto de liberar,
de devolver los elementos.

¿Por qué es que el autor del cuento
muere al matar?

[papiro]

Se pasaba la noche vomitando estrellas,
se pasaba la vida jugando con ellas.
Y yo aunque estire el brazo no logro nunca tocarla.
A veces quiero,
y a veces no quiero hacerlo.

Ella es de papiro,
siento que si la toco se deshace.
Ella es líquida ,
siento que si la cojo se me derrama.

Se me derraman las ganas,
y como quiero derramarme en suspiros que la toquen.
Como quiero ahogarme en sus brazos de pitón.
Como quiero que me estruje entre sus brazos de pitón
y ahogado,
besar la muerte en un suspiro.

Un suspiro besa mi delirio.
Un delirio me ha besado y se ha pegado a mí.
Un delirio me ha besado y no me deja ir.

[hotel soledad]

Me conozco cada espacio
de tu arquitectura.

Me he paseado cada cuarto
me he tomado un selfie
con todas tus pinturas.

Me he bañado en tu fuente
abrazado a tu escultura.

Me he leído por pedazos
tu literatura.

Soy un lector desordenado
eso lo saben tus mucamas.
He dejado libros abiertos y notas
en todas tus camas

Hotel soledad,
la paradoja de tu nombre...
has encontrado a tu hombre
o *tu hombre te ha encontrado a ti.*

Hotel soledad,
tus grietas ramificadas
delatan tu edad.

Hotel soledad,
Cuánta vida y cuánta sombra.
Cuántos igual que yo
se pasearon se tomaron
fotos selfies whiskies
para dormir bañados
en lágrimas etílicas.

Cuántos volaron
ayudados por sustancias
dentro de ti al espacio.
¿Cuántas penas cobijaste?
Cuántas pieles cuántos amores
en tus sábanas.

Rastros de amor fingido bañado en cloro.
Rostros sonrisas fingidas bañadas en oro.

Cuánta compañía alquilada,
Hotel soledad,
has visto la maldad,
la tristeza vuelta odio
luego que se acaba el sodio,
los demonios
se pasean por tu insomnio,
y así empieza el manicomio.
Manicomio soledad.

Manicomio soledad
has encontrado a tu hombre
o tu hombre te ha encontrado a ti.

[de la dicha de vagar]

Yo me traje las heridas y los casquillos de las balas,
mi fantasma y mi novela mi ficción y mis cien cartas.
Pensé que me harían falta y me dijiste no en la cara.
Portazo y su ráfaga.
Y mi pie izquierdo que no resistió y dio
ese medio paso hacia atrás
que señala
la derrota.

Recogí mi herida recogí mis cartas.
Recogí las novelas y también las balas.
Ayudé a mi fantasma a que se levantara.
Metí todo en el carrito me puse otra vez en marcha.

Vagabundo en este mundo que no me quiere dar casa.
Vagabundo me estaciono en cualquier labio que me atrape.

Y quizás
un refugio temporal accidental
me encadene a algún hogar.

Un refugio temporal accidental
no ideal,
al fin me encadenó.

Y un círculo rojo
de piel presa
en mi tobillo
dibuja la circular derrota
de un vagabundo
que ya no puede
vagar por este mundo.

Quien haya amado
sus cadenas
seguro nunca ha sabido
de la dicha de vagar.

[exilio]

Pertenecer a un lugar. Tener que partir.

Y otra vez a la deriva siento al mar
con hambre.
Con ganas incontrolables de tragarme,
de devolverme y disolver la carne.
Y yo, que quería volar.

Yo, que no quería despertar,
pero se acabó la fantasía
y es que no podía ser verdad.

Pedacitos de cielo
sí se pueden poseer
pero en efímeros momentos
que no tienen botón de *rewind*.

Dónde doy pausa a este recuerdo,
que quiero vivir en él,
habitarle y ya volverlo
casa hogar sin internet.
Asilo para la memoria,
museo de instantes de gloria.
Único palacio donde soy princesa.

Tonta niña, ¡ya despierta!
Son las 12, calabaza.
Te esperan trastes y ratas
Y éstas ni siquiera cantan.

Soy hermano de la espuma de las garzas de las rosas
no del crédito y las cosas
no de un vicio a 10 la hora.

Exilio.
Casas muertas, un recuerdo que da vueltas
como huracán.

Exilio.
Razas sueltas por praderas que nunca serán hogar.

Exilio.
Ratas que ya apestan y que se enfrentan
al exterminio.

Exilio.
Abandono forzoso de un pedazo de lugar.

Domicilio
de memorias y ADN que se mezcló con la tierra da a lugar
a histerias quizá a guerras y a la lucha
entre la pertenencia y el olvido,
entre vivir y recordar.

[vidrio]

Era la fuerza
de la corriente del viento
que disparaba balas de arena,
perturbando mis oídos
entre ráfagas de metralleta.

Agujas
rompiendo a la fuerza mi piel
acceden
al túnel secreto
de mis venas.
(Había olvidado
que el vidrio se hace con arena).

Fueron tantas
las veces que ignoré
sus gritos.

Fueron tantas
las veces que deseé
ser visto.

Insecto aplastado,
barrido y olvidado
en una esquina
que
vuelve reconvertido
en monstruo psicodélico.
Zombie, pesadilla espero el brinco
pero no,
no despierto sólo veo la realidad del circo.

Y deseaba que no fuera cierto.
Esperaba que me despertaras,
tus manos calientes entre sábanas sudadas,
pero no.

El monstruo me mira a los ojos,
y lo que vi fue peor,
eran mis propios ojos
pero distantes y extraños
(como cuando borracho se mira uno en el espejo del baño).

Y lo que vino fue peor.
El monstruo empezó a llorar y yo lloraba al mismo tiempo
ya no sabía si era miedo
o la realización paralizante
que me había convertido en esa criatura
horripilante.

Que ya no podía esconder
esa criatura horripilante.

[no grites, que es peor]

*La historia no es el polvo que baila en el viento. La historia pesa,
¿no ves la marca del culo en el asiento? La historia no está en
libros amarillos, la historia cargo conmigo. La opresión se cuenta
por siglos...*

Sigo con frío sigo
pidiéndote el abrigo.
Pero no se quita nunca porque nunca fue contigo.
No puedo llegar a casa si no me aprendí el camino.

Y es mi culpa soy testigo
inerte
muda
estatua intacta.

Me acostumbré a ser tan falsa
que el disfraz se me pegó
a la piel,
y ya no puedo comprender.

Por tanto querer ganar,
nunca aprendí a perder.
Por quererme mover
nunca aprendí a avanzar.

Siempre hacia atrás,
como cangrejo.
Ya se rieron
de mi cara de pendejo.

Y con tu bota en el cuello
cómo camino?

Con tu garra en mi garganta,
¿cómo respiro?

Sólo me queda ahogar penas
en esta botella de vino.
Sólo me queda encerrarme
y olvidarme del vecino.

Shhh
No te retuerzas, que es peor
no grites, que es peor.

Shhh
Calladita te ves mejor.

[transmigrar]

Ya nada podía rescatarle.
Era muy tarde.

Ya nada podía acariciarle
su piel distante.

Ya nada podía defenderle,
olía a muerte su suerte.

Indefendible sentimiento el que te aqueja tras dejar
que se ponga la piel negra tras dejar
que se pudran los sueños tras dejar
pasar el tiempo.

Indetenible tormento el que violenta tras dejar
abiertas puertas y rejas tras dejar
oculto el sentimiento que era real.

Volver piel el recubrimiento del ideal.

Encerrado por siempre sólo puede convertirse en tormento,
por dentro
el escape únicamente está en
olvidar.

Tras absorber el cuento, rendirse,
transmigrar.

Ya nada podía rescatarle.
Era muy tarde.

Una bala solitaria cayó del cielo y
se volvió nadie.

[el silencio de las cucarachas]

Entraste
sigilosa,
con el silencio de las cucarachas.
Hiciste de mí
casa y cosa,
tu cosa.

Entraste
con el silencio de las cucarachas
y ahora,
con cada sutil movimiento,
crujes.
Y yo al sentirte sólo quiero
aplastarte.
Serás más arte
en 2d
en mi pared.

Hiciste de mí
casa y cosa,
tu cosa.
Yo haré de ti mi arte
en 2d
en mi pared
para admirarte
sin que crujas.

[ácido]

Como ácido
acabando
con el esmalte
de mis dientes,

animalillos
degustando
sangre fresca
entre los pliegues
de mis ropas,
las que han tapado
lo que hacías
sin tus lentes.

Las historias,
las memorias,
me joroban.

El oxígeno en mis venas
se agota.

Y aún no sé qué haría al verte.

[mentiras superpuestas]

Mentiras abiertas que no lograron atravesar cristales.
Manos delicadas que no lograron envolver espinas.

Mentiras superpuestas que no lograron enredarte
que sólo me amarraron y lograron enterrarme
en un desierto que en tormentas de arena siempre me lleva
más abajo más lejano el oxígeno que piden mis venas.

Mi cuerpo ya no logra temblar bajo kilómetros de arena,
kilómetros de granitos de mentiras superpuestas.

Mentiras superpuestas haciendo un ruido ininteligible,
es el taladro percutor que va drenando mi sangre.
Veo cómo va cayendo en el balde.
Se va llenando de gotitas superpuestas,
se escapa la vida y con ella las mentiras,
las que dejaron por fin ver.

\\\

[lágrimas negras]

Lágrimas negras
arruinando la belleza
explorando la tristeza
desnudando lo que había
tras los pétalos, empieza
el recorrido, piel sedienta
cubierta
por polvos
que no enderezan.
Caminos que al cruzarse entierran huellas.

Lágrimas negras
desnudando las promesas.
No eran más
que deseos de oscura procedencia.
Tomar ventaja de tus carencias.

Mentiras que no pesan en conciencias,
conciencia no sabe de su potencia.
El depredador que sólo ve una presa
Huele sangre no vio nunca
rodar lágrimas negras,

tan negras
que van pintando van manchando toda la herencia.
Derrame petrolero
no dejará parir más nunca a la tierra.
Otra vida no verá brotar más nunca hierbas.
De las heridas sólo brota
tinta negra.

Lágrimas negras
vaciando arterias
acumulando armas
para la próxima guerra.
Preparan misiles.

Levantan cercas.

Lágrimas negras
tan negras,
que llenaron tinteros mojaron plumas secas
hambrientas de folios que morder.

Lágrimas negras
tan negras,
que dieron cuerda
al conflicto armado que acabaría con la vida en la tierra.

[navegantes]

Los navegantes no navegan
mirando al mar.
Los navegantes miran el piso en el que flotan.
Las mentes navegan.

Los navegantes aspiran la brisa
llena de sal.
Narices que sangran,
sangre que busca mar,
llamando a los peces
de dientes
grandes.

Los navegantes no navegan
para olvidar.
Guardan en sus bolsillos
la sal de esperar.
Los navegantes huyen pero no hallan paz.

Los que duermen esperan en una siesta inquieta
ese grito de *¡tierra!*
Esa sustancia quieta,
la tierra que espera
preñada de lombrices
y de guerra.

Lanzas que apuntan afiladas,
a lo lejos parecen espigas.
Son de hecho proyecto de arma asesina.

Navegante tu sitio está en la mar.
Peces flacos peces gordos beberán
sangre salada
rica en hierro
y sueños sin cumplir.

[el aire]

Saber
que no vas a llegar.
Que en algún momento
tus músculos se rendirán.
Que en alguna inspiración
tus pulmones colapsarán.
Que estás muy lejos
No, no vas a llegar.

Y tomas un aire
que cada vez
dura menos.
Das una brazada
que cada vez
duele más.
Y no vas a llegar,
pero sigues.

Ni siquiera sabes si avanzas,
porque la corriente te arrastra.
Sigue nadando.

El que se pregunta para qué,
se hunde.
Y el que quiera ganar
que se disfrute
su mentira.

[el complot]

Salvaje como el viento en una lluvia ácida asesina
una noche de esas
en que vuelas por la autopista,
en modo automático el vehículo y también tu vida.

También las culpas, los miedos, los pensamientos suicidas
que se avistan en el aire como aves de rapiña
cuando da el olor a muerte de quien se dio por vencida.
Por vencido, me he vendido y compré máquinas sin vida.
Sobrevuelan las derrotas huelen lágrimas y el vapor que desprende un
alma rota.

Y es salvaje tan salvaje el viento que acaba con vidas,
ese que escupe rabioso la lluvia en el parabrisas.
No lo viste, no pudiste y ahora llueve
vidrio.

Salvaje se clava en cuerpos que derraman vida.
Nunca fue tan necesaria la llamada a una amiga.
Mas los dedos no los sientes, el teléfono no lo hallas,
y no gritas porque algo se ha atorado en tu garganta.
Y la sangre lentamente se disuelve en esa agua,
Y corren juntas sin destino reportando asesinos.
Sí, fue el viento fue el piloto el vidrio y el pensamiento.
Fueron todos los momentos que nos llevaron a esto.
Fue el viento fue el piloto el vidrio y el pensamiento.
Fue el viento fue el piloto el vidrio y el pensamiento.

[el cable mágico]

Tenía miedo de cogerle,
y que al otro lado sintiese
una voz distante y seca que a mi lado no estuviese.
Que a mi lado no viajase
por el cable mágico,
que de magia no sintiese
nada.
Sentir
metal,
frío,
vacío.

Tenía miedo de cogerle
y no sentir
tu abrigo.
Y elegí la soledad
colgada.
Cuelga el cable de la mesa y la infinita posibilidad
de la llamada entrante,
y que seas tú.

Sonó al fin.
Tuve miedo de cogerle,
que fueras tú.
Deseé por un momento
que no fueras tú.
Tuve miedo de cogerle y no poder hablar.
Tuve miedo de cogerle y sonar
distante,
seca.
Y que sintieras sólo
metal.

Tuve miedo de cogerle,
y al fin dejó de sonar.

[el duende]

Silencio violento,
que vuelve
pedazos mi ego,
que vuelve
los besos preguntas.
Asustas.

Músculos sedientos
de una caricia penetrante.

Yo ya de esto tuve bastante
y no sé
qué otra cosa hacer
más que correr,
correr sin ver
esperando
el *¡pum!*

Sirena.
Antesala a la condena.
Fui tan valiente hasta que vi la sangre brotar fuera de las venas.
Fui tan cobarde cada vez que preguntaste por mis penas.

Correr
como no sabías que podías.
Corazón reconvertido en hélice.
Despegan mis pies del suelo
¿y qué es esto?
No sé pero
ya no quiero ir más nunca
más lento.

[el desilusionista]

Por qué tras por qué,
caminando hacia atrás,
confundiendo a mi oído.
Ya mi cuerpo
se quiere desplomar.

No encontrar
el fondo del espiral.
Descender.
La luz no llega hasta acá
y la cuerda
no la puedo alcanzar.

Gargantua
me he quedado atrapada en su garganta cuya
baba ya me ha envuelto,
no puedo escapar.

Y la pregunta inicial
no la puedo recordar.
Sólo escucho en ecos
la respuesta del final.

Sí,
yo abracé la oscuridad en una nota
que curaba mis tristezas rotas.
Yo las saboreaba sin notar
que bailaba en una cuerda floja.

Tristeza quebrada me envió a otro falso fondo.
Ilusionista siniestro,
el que construyó este laberinto de espejos
cual arquitecto de sueños,
que diseñó esta caja de trucos,
pero aún no consigo revelar su secreto.

Sólo me hundo
Cada vez me meto más profundo.
Sudo.

Miedo salado por mis poros brota,
mientras la oscuridad me abraza por detrás, celosa.
Quiere bailar conmigo amenazante baile.

Dividiendo,
denominadores ascendiendo.
Como el número de oro,
corrigiendo
cualquier intento de línea recta,
toda progresión aritmética.

Otra vez
volví a caer
en la red.

Sí, soy un pez.
Y el agua no puedo ver.

\\\

[el hombre que no estaba]

El hombre que no estaba
se sentaba,
hablaba.

El hombre que no estaba,
aunque no estaba
podían verle,
y le hablaban.
Aunque solo le hablaran
a su fantasma.

Tú le hablabas
esperando
que las palabras no rebotaran.

No sabías que hace tanto tanto tiempo
se había ido y
ya no estaba.

El hombre que no estaba
fingía que amaba.
Sonreía,
y ofrecía
flores recién escogidas.

El hombre que no estaba,
no podía amar
porque no estaba.

Hace tanto tanto tiempo
se había ido,
ya no estaba.

El hombre que no estaba
supo mentir,
y por desgracia
le creíste.
Algo andaba mal, no lo viste.

Y ahora por la noche le abrazas.
Algo andaba mal,
el hombre era solo un holograma.

Descubrir
la verdad
cuando es demasiado tarde.
¿Qué hacer cuando amas a un cuerpo sin alma?

[faros]

Huelen los siglos a sangre,
brotan hilos de la carne.
La sangre cruza ciudades,
brota en manantiales
Viste, la historia
pinta los siglos.

La historia está hecha de siglos de hilos que atan la carne.

Los siglos nacen del aire
que se mueve arrastrando aromas.
Las costas llaman a luces de faros
que regresen los exiliados.
Las costras crujen.
El viento pega más duro
en las cicatrices.
Los ojos gritan más duro
cuando el silencio no es voluntario.

Viste, la historia
crea misterios
por deporte.

Viste, la historia
se sienta en el porche
a verte
jugar a desenterrarlos
mientras se toma una cerveza,
se ata sus trenzas.

Vuelan violetas
en el aire.

[piel]

Otra vez estrello
mi cabeza contra el concreto.
Pulmones llenos de cemento.

Mundo frío corazones arrugados
que temblaron de miedo esperando amo.

Yo me bato y me debato entre lo absurdo y lo abstracto,
entre adorar a un dios de oro y bañar mi alma en cloro.

Entre el azar y la esperanza.
Entre el deseo y el amor.

Yo me armo y me desarmo
en este trágico escenario.
Con mi pálido pedazo
de carne ando deambulando
entre un cielo imaginario
e infiernos cicatrizados.

Entre el polvo de mi muerte
y el desastre de mi suerte.
Entre ser fuerte,
y dejarme caer de un puente.

Ya no sé si soy valiente.
Mis heridas ya no mienten.
Que soy fotodependiente,
como árbol no puedo moverme.

Estiro
mis raíces buscando nutrientes.
Rompí ya toda la tierra.
Volví mierda la carretera.

Y volví a hacerlo de tu izquierda
huyo siempre a la derecha.

Huyo siempre de mis guerras.
Tendré que huir ya de la tierra
porque ya no quedan
territorios deshabitados
donde plantar mi realidad.

Porque ya no quedan
calles sin nombre ni un condado
donde estrenar mi soledad.

Me sobran trapos,
pero no me queda piel por estrenar.
Y no me queda miel,
y no me quedan pies por caminar.

[la asfixia]

Se me perdió el pensamiento
en la enredadera
de mis lamentos.

Una pena
que explota en madrugadas,
en pesadillas sin salida,
en sudor que ahoga sábanas.

Cobijas
terminan
debajo de la cama
junto a los fantasmas
que golpetean las tablas.

Almohada
pétrea
moldeando mi cabeza.

Corazón
que flota
en un pantano tóxico
que él mismo fabricó.

Y mi mente
navega
entre balas supersónicas
y la cola de un dragón que quiere envolverme,
que quiere apretar
mi cuello como pitón,
mientras yo no entiendo nada.

El aire va desapareciendo de mis glóbulos.
Pulmones comprimidos a su mínima expresión.
El oxígeno ya no llega a mi cere bro bro.

La conexión voy perdiendo.
Ya no puedo ver.

Mis manos pongo en mi pecho,
aún hay vida lo sé.

Voy subiendo no comprendo
a dónde se fue
mi cabeza parece
que va rodando do.

Gol.

[el cassette]

Volver,
ensuciar el tiempo con las manos.
Con pedazos de recuerdos que expiraron.

Pretender
devolver el tiempo con los dedos,
como cassette.

Enredar el aire con abecedarios.
Frecuencias que empujan al viento y no ha llegado,
no ha llegado el viento que te abraza.
No llega el mensaje en la botella.
Lo que llegó no era para ella.
Mi meñique no da vuelta en tu cassette.

La cinta,
enredada,
que invita a rendirse.
La ansiedad que empuja,
que suda y me moja.

El dedo meñique,
que tiembla y no logra
devolver esa cinta que tenía el potencial
de hacerte recordar.

El amor que brota
a borbotones sin
encontrar desagüe,
me inunda,
me ahoga
a mí
y a la cinta,
por siempre preñada
de recuerdos presos.

[el crimen]

Ella se quitó la ropa,
se sintió tan rota, no pudo moverse.
Y pensó *soy tan tonta*.
Y besó la pistola.
Decidió perderse.

Tú al besar sus heridas,
le amaste sin saber
que luego lloraría
hasta más no poder.

Besando sus heridas,
no podías saber
el crimen que ella estaba a punto de cometer.
Y es que mientras besabas,
ella besaba pistolas
y re-escribía historias
sin final feliz
para vender más copias.

Y es que en lugar de recomponer,
ella quería estar más rota.
Pa eso un tiro en la sien
parece que funciona.

Amar no es un crimen.
Tú no lo podías saber.

[lo irreprimible]

No dejes que caiga la noche
y que se ensanchen mis pupilas.
El amor calma a las bestias,
pero no las aniquila.

Volvió a sacar las pezuñas
luego de un par de tequilas
Volvió a ser esa bestia
que pensó se había ido tras el décimo Ave María.

Lobo seductor,
ya ve al grano sé que no eres mi abuelita.
Que quieres morderme comerme
lo sé.

Lobo seductor,
con tu instinto no puedes y yo
queriendo esconderme entre la neblina
Si me encuentras seré otra víctima más
de tu racha asesina.

Dime,
lobito seductor
¿qué harás
con mi cuerpo sin vida?
¿Aullarás a la luna huirás y te irás con la noche a beber poesía?

Lobo seductor,
aquí me tienes y yo
nada puedo hacer.
Aquí me tienes y yo
no puedo curarte
y nadie podrá salvarnos hoy.

Tú le preguntas a la luna
por qué te dejó hacerlo.
Ella sin decir nada me alumbra
y tú al verme lloras y huyes
escupes sangre lloras poesía.
Allí tirado dejaste mi cuerpo sin vida.
O eso creíste.
Eso quisiste.

La penitencia no es condena no me ahuyenta.
Ave María siempre serás mía.
Siempre seré tuya lobito seductor.

\\\

[el arrastre]

Me he arrastrado por el suelo,
he mordido mil anzuelos.

Me he quedado sin aire
de tanto escapar de mi ego.

He roto sesenta espejos
de tanto llorar frente a ellos.

He tragado tanta arena
que me tapa las arterias.

He tragado tantas penas
que sufro ataques de histeria,
en ellos Dios se esconde asustado
debajo de la mesa.

Y he soñado muy alto,
mas termino oliendo asfalto.

Es el arrastre.
La vida me tiene
siempre al borde del desastre.

Es el enlace
de la vida con la muerte,
de la dicha y la miseria.

Es el eterno sube y baja.
Es salir a jugar
a la ruleta rusa de condenas aleatorias.

La resistencia es transitoria.
La diferencia es accesoria.
La indiferencia contradictoria.
La persistencia obligatoria .
La sentencia es perentoria.
La consistencia es ilusoria.

De fantasía están llenos
todos los libros de historia,
por no saber del tiempo que gira en esta cosa redonda,
en este ciclo en este bucle en este juego retorcido.
En este ciclo en este bucle en este juego retorcido.
En este ciclo en este bucle en este juego retorcido.

\\\

[un cadáver]

Cada beso es un suspiro en mi delirio.

Cadáver,
Cada verbo es otra cosa que no he hecho.
Cadáver pues de huecos se va llenando mi pecho.
Y mi alma en pena, baila
y se asoma en llamaradas.
Le da pena este cadáver
inmóvil maloliente hinchado.

De él se burla mientras multiplica su espacio por el espacio.
Y está aquí y en todos lados.
Mientras mi cuerpo condenado
al incesante deterioro,
a la arrasante arruga.

Irremediable desgaste,
indetenible encogimiento,
tender a cero.
Agarrarse
del estrecho de este reloj de arena.

Inminente aplastamiento,
paralizante realización
que vuelve cadáver
cualquier deseo,
cualquier sueño.

Y era ayer
que yo quería.
Era ayer que yo debía.
Y ya no.

[un cementerio]

Ser vacío, reconocer la piel.

Abrir el tercer ojo.
Quedarse a vivir en él.

Columpiarse entre tentáculos.
Respirar el espectáculo.

Abrazarse
al silencio
y contemplar
el cementerio de cerebros fritos
entre ritos sin sentido.

Y entre los latidos, hambre.
Y entre tantas almas, carne.

Almas buscan forma,
encuentran normas.

Hambre que come arena.
Barriguita llena, corazón enfermo,
sobreexpuesto
al hormiguero pululante
de esclavos con sueños de mercenarios.

Hay un llamado
de alerta pero no resuena.
Porque más suena esa música,
las notas fúnebres de su condena
al ritmo cruel del segundero.

Tiempo lo que más espero
es ese momento
en el que ya no te sienta
en la muñeca
comiéndome la piel.

Que no te sienta
en la muñeca
comiéndome la piel.
Que no te sienta.

\\\

[desinflar]

Olvidar. Ver cómo las formas
se hunden en lava.

Ver cómo los recuerdos
lloran chispas
mientras la tierra se los traga.

Debo dejar alguna pista
para rescatar,
y así elevar
algunos recuerdos
a la nube.

Ya me entretuve
y algo tuve
que soltar.

Y tendré que esperar
que me vuelvan a crecer
las alas.

Pero la paciencia
se me derrama
entre las grietas de esta piel tostada.
Queriendo ya robarle al sol las mañanas,
y no queda nada.
Quién eres ya no lo sé y lo que sé
mañana no lo sabré.

Y aunque saber
no era nada,
parece que lo era todo.

[un puente]

Estoy colgando de un puente.
Pende de un hilo mi suerte.
Mi infierno quiere soltarme.
Y, ¿cual infierno me espera?
Otro el infierno que me entierra…

Querer escapar y solo descender por sus círculos
concéntricos,
excéntricos,
coléricos...

Y si el infierno es karma,
¿yo que hice?
Si este infierno sólo es karma,
¿yo que hice?

Si soy
del universo su esclavo, ¿que me pide?
Si somos
en este mundo soldados
¿Qué haces si no resistes?
¿Qué hacer si no resistes?
¿Desistes?

[acme]

Me oculté
entre las columnas A y B.
Las cargas estaban puestas
y en altavoz escuché
el anuncio de mi muerte
en cuenta atrás reverberante.

Mi plan, perfecto, evitará
que tengan que hallarme.
No hay por qué ensuciar recuerdos.

Llueve ceniza hueso en polvo
sobre cascos de ingenieros
que se van al *happy hour*
ya cumplida su jornada.

Nunca encontraron mis huesos.
Y aunque lloví en pedacitos
nadie me vio.
Y aunque volé en pedacitos
nadie sintió el olor
de la muerte al aspirarme.

Los objetivos
no fueron cumplidos
esta vez
porque al no poder hallarme
y tuve que quedarme allí.
Puto plan.

Tendré que volver
en pedacitos,
pa después volverme a ir.

[sábanas blancas]

Sonrisas ansiosas,
promesas vacías.
Dolores de pecho que recalientan el alma.

Sábanas blancas
que no encontraron piel
con que mancharse,
y solo se pintan
del amarillo que el polvo
les clava a soledades.

Soledad inesperada
que se acuesta en sábanas blancas.

Blanca
es tu pena porque no se colorea.
Porque nunca llegó el beso no anunciado
que te coloreara las mejillas.
Porque pobre es el silencio cuando viene de sus labios.
Y esperabas que se quedara.
Mas se fue para no volver.

Ni siquiera pudiste
probar su piel.
Aún así siempre supiste
que sabía a miel.

Y el amargo de tus labios
no quiere aprender.

[claustrofobia]

Ideas,
una encima de la otra,
aturden.
Interferencia absurda
y no consigo multiplicarme.

Mis otros yo comparten
todos la misma habitación, este cráneo.
Y empiezan a sentir claustrofobia.

Empiezan a sentirse por todos lados,
codos.
Empiezan a apretar.
Ya me duelen las meninges.
Comenzó la pelea,
empiezan a gritar.
Uno encima de otro, amontonados.
Atontando-ME.
Aturdiendo-ME.
sólo hay una solución
para aliviar la presión: *taladro*.

Al principio el ruido, da miedo.
La sombra de la escena en la pared se burla,
se ríe,
pero al ajustar las rpm,
por fin algo hace más ruido que ellos
y no los escucho más.

Bailan las venas y palpitan las meninges.
Taladro, hueco, va corriendo.
Taladro, riego el tiempo lento.
Un río rojo va corriendo va recorriendo...

El recorrido: *sien, mejilla...*
Se unen dos ríos.
Sangre diluida en lágrimas.
(Se hace más amable el rojo).

Sigue el recorrido:
costillas, piel, poros, vellos rotos,
piel hueso suelo cascada,
que empieza a dibujar un semicírculo por fin,
silencio y empiezo a conectar,
sintonizar sin interferencia.
Y aquí no existen ellos.
Sólo existo yo.

\\\

V
[arder]
R
T
I
G
O

[la distorsión]

Por culpa de la distorsión,
a un lado de la tentación,
todo ya deformado,
pude verlo en pedazos
y las piezas no encajaban,
y mi cuerpo no está hecho
para esta torsión.

Por culpa de la distorsión,
me perdí en una nube
que se desdibujaba,
y que me dibujaba
figuras tan extrañas,
criaturitas aladas
entre truenos relinchaban.
Eran pa mí las llamadas.

Tan cerca de la absolución...
No caer al vacío,
tocar intacto el piso.
A ellas me acercaba,
sus ruidos me guiaban.

Pero por culpa de la distorsión
no supe dónde estaban,
y luego ya no estaba
ni la nube ni
las criaturitas aladas.
Y caer al vacío,
Entrada torpe al río...

Y por culpa de la distorsión
el río se elevaba,
la gravedad lo halaba
desde arriba.
Era la fuente de la distorsión.

Pude verla de cerca,
era como un cometa
con la cola al revés.

Su estela nos halaba,
desde su boca abierta que también cantaba
cantaba *"vengan a mí"*
"yo te voacer feliz"
Pero era canto de sirena.
¡Puto cometa de mierda!
¿Dónde estará mi unicornio?
¡Sálvame de este demonio!

Pero mis pies ya no estaban
y ya solo había luz.
En su lugar no quedaba
para mí esperanza.
Pero mis pies no habrá digerido bien,
porque lo que vino después
no supe yo si fue un gas,
yo le llamo el eructo espacial.
Caí de nuevo esta vez, sin pies.
Nadie me cree pero así fue
que quedé mocho.

Pregúntenle al abuelo
dicen todos.

Pero nadie me cree.
Nadie me cree
que fue por culpa
de la distorsión.

[cómo vivir adentro del momento]

Me preguntaba cómo vivir
adentro del momento,
retar al tiempo y conocer
de su línea el retroceso,
de su distorsión, el secreto.

Y es que si el tiempo es una línea yo puedo tomar
cada punta y hacerlo vibrar
como cuerda de guitarra lo puedo estirar.
Atraparlo en una onda de frecuencia modulada
y hacerlo gritar.

Me preguntaba cómo vivir
adentro del momento.
Se me ocurrió buscar en otro par de ojos, tus ojos
justo en el centro, vi los míos
y en mi mirada la de él
y en su mirada la mía
y en mi mirada la de él.
Los ojos tuve que cerrar
para salir del espiral.
Pero lo que vi
fue el mismo espiral
derramándose en el infinito.

Vibró el tiempo en un orgasmo transmitido en satelital.
Gritó el viento que lo hallamos,
tanto que él lo quiso buscar...
Por fin el premio más anhelado,
la eternidad.

[mi vida es un remolino de insomnios]

No sé por qué tiemblo.
Enciendo un cigarrillo.
Ataco la consecuencia
porque la causa
yo no la sé.

Mi corazón se aceleró,
mis manos tiemblan.
No es tan grave aún puedo escribir
(con la ayuda del autocorrector)
¿Tiemblo yo o tiembla la tierra?
tampoco sé...

Mis pasos suenan
sin ritmo yo no bailo tap,
sólo camino
por una senda que no sé a dónde va
pero ya no me mortifico.

Me lo dejé de preguntar
al segundo
que todo me salió mal
y mandé al demonio
a la disciplina las leyes y al matrimonio,
a la iglesia al IRS y hasta al mismísimo demonio.

Mi vida es un remolino de insomnios,
quizá por eso tiemblo.
Y para qué dormir, si al cerrar los ojos sube la Santamaría el
manicomio.

Alguien me habló en un sueño,
lo recuerdo.

Me dijo todo es mentira,
las reglas son de papel
y el papel aguanta todo.

Al igual que mis letras también
aguanta un planeta
de zombis que sólo son presa
de una trampa que comienza
en las incubadoras.

Claro que estamos ahogados si vivimos en una lavadora.
En el remolino del ciclo *delicates*
por eso tiemblo
por eso me me ahogo
por eso me exprimo y al final
canto.

[mantener derecho el espaldar]

Entre alas de metal siempre cayendo,
una herida va subiendo,
como grieta crece las dos
buscando el *exit*.

Y olvidé la ubicación del salvavidas.
Debajo de la cobija el anillo que me quité.
Ni las aeromozas recuerdan
qué es lo que se debe hacer.
Menos recuerdo yo
quién soy ahora ni
quién era ayer.

Que por qué estoy aquí nunca lo supe,
y ahora ya no lo sabré.
Porque el motor derecho echa humo,
y de nada sirvió
mantener derecho el espaldar
no fumar en el baño,
apagar el celular.

La sangre sí
encontró la salida.
Mas yo no pude,
no supe
qué hacer.

Pájaro de metal,
te llenas de agua,
su densidad
no detiene
las ganas que tiene la sangre
de escapar.
Ni tampoco el terror de las miradas
mientras se apagan.

[la marca]

No había nada debajo de sus ropas.
Las etiquetas que marcaban la distancia no marcaban cuellos,
no picaban.

No había nadie debajo de la ropa.
Las marcas que ajustaban el estatus eran marcas que marcaban sólo
vacíos espacios.

Y había alguien que deseaba marcarse también.
Anhelaba nombres, logos, y poder todo tener.
No sabía que al marcarse se vaciaba el cuerpo.
Que por la marca se salía el espíritu,
que por la marca se escapaba el sueño
no sabía y era lo que más quería.

Ten cuidado tus deseos
pueden hacerse realidad.

Ten cuidado que el deseo
cuando se hace realidad
deja de ser deseo.
Y entonces, ¿qué anhelarás?

Ten cuidado y si el deseo
no era tan bueno en verdad,
puedes terminar
como aquellos, como ellos,
ropa ambulante
de marca.
Y lo que sigue es la marca de la parca.

[replay]

Cabeza fría pero corazón caliente.
Contra corriente pero no soy valiente.
Sí fui tan fuerte pero me ahogué en la fuente.
La vida sonríe pero sólo para la foto.
Yo me corrompo y luego cómo voto.
Todo lo rompo
y luego me escondo.

La negación es quedarse en la barriga.
Problemas no natos infectándome las tripas.

Yo nací de lado,
con el cordón enrollado
y en otro momento quise revivir ese pedazo.
A ver si el tiempo se confundía y se movía hacia atrás,
porque yo quería porque huía porque quería
recomenzar.

Y quizás lograba confundir a la cadena de sucesos
reviviendo ese momento y comenzar de nuevo.
Tal vez si lograba confundir al tiempo,
yo podía volver y acomodar tantos momentos.

Pero la silla cayó y todo se puso negro.
El mundo se calló y me quedé sin aliento.
El tiempo no se devolvió en un círculo eterno,
el tiempo se detuvo en un instante preso.

Yo no luché,
pero sí lo hizo mi cuerpo.
Yo sólo le observé y ahora le extraño mientras me elevo.
Que sucedió después, yo luego se los cuento.
Me toca despegar ya abordé el siguiente vuelo.
Voy perdiendo señal.
El wifi ya no llega,
porque he pasado a otra frecuencia.

[cuarto de espejos]

La gravedad que hala.
El viento que levanta.
Yo ya no veo nada,
porque pa esto no están hechas mis pestañas.

Pero sé,
ya debe estar cerca el suelo,
y ese será ahora mi único consuelo.
No sé si alcancé a gritar,
el viento no me dejaba nada escuchar.

Pero sé,
ya debe estar cerca el pavimento,
ya no tarda.
¿Por qué tarda
tanto si sólo eran diez pisos?
¿O es que no lo he sentido?
¿Es que acaso he traspasado o es que estoy en otro lado?

¿O es que el tiempo se ha estirado?
¿O es que al intentar burlarle,
la vida se burló de mí?
A cada rato me tentaba,
y yo de tonto me atreví.

El cosmos esperó paciente por mí.
Pues a él ya me he entregado,
presa fácil.
Ha empezado el juego
y este es sólo el intro...

Fase 1: cuarto de espejos
El intro por fin terminó.
Cuando pude abrir los ojos
el pavimento se había convertido en un espejo.
Vi el terror en unos ojos,
y en esas pupilas,

una imagen, mi imagen,
multiplicada al infinito microscópico.

Vi una boca que gritaba,
nunca pude oír el grito pero al fin lo pude ver.
Y unas manos parabrisas con deseos de ser resorte.
Mi camisa inflada
que no pudo hacer
las veces de paracaídas.

Primero fueron las palmas.
El pavimento, a punto de reconstruir las líneas de mi mano.
Explosión geométrica,
figurillas volando
en todas direcciones.

No me fue tan mal.
Beber adrenalina a chorros,
esa que la vida me negó.
Anhelo la fase 2 pero no llega.
Otra vez la misma escena
hacia adelante y hacia atrás.

Se ha quedado pegado
el botón de repeat,
pero la adrenalina merma.
Y a mí me toca
quedarme a vivir allí.

[la corriente]

Qué fuerte
cuando el aire
pesa.

Qué fuerte
el dolor de una herida abierta,
de una puerta abierta
si nadie quiere pasar.

Qué fuerte
es el olor de la muerte
en las mentes suicidas.

Qué fuerte
que llueve
y la ciudad que no aguanta
y se inunda.
Y la casa que no aguanta y colapsa.
Y los pies que no resisten
y resbalan.

Qué fuerte recorrer
las calles arrastrado
por la corriente.

Qué fuerte
es el olor de la muerte
y la vida que no aguanta,
se escapa
por cualquier hueco.

Qué fuerte
la gravedad
cuando hala
desde un piso 17.

Qué fuerte
el viento que te pega en la cara
cuando caes por la ventana
desde el piso 17
y no encuentras calle
sino corriente,
que arrastra cosas casas gente.

Qué fuerte
cuando las madres no encuentran
a sus hijos
porque han saltado
de edificios,
o porque no pudieron abrazarse
fuerte a árboles.

Qué fuerte
es la danza de la muerte,
baila en espiral
hacia el drenaje
no sin antes
pisarle arrancarle
los pies
y las manos
a cuántos.

[la altura]

Sin miedo y sin mirar subí volando la escalera.
Llegó la hora de bajar,
me paralizo,
tiemblan mis piernas.
Ni siquiera había notado el frío que hacía.
Ni siquiera veo el suelo no me deja la neblina.
Congelada como estatua y en el rostro como gárgola
reflejada mi ansiedad mi miedo líquido derrama.

Y llueve
sobre el cabello de quienes
quieren cielo pero a mirar hacia arriba no se atreven.
Quieren cielo con los ojos pegados al suelo.

Y llueve
sobre el sudor que corre por las sienes.
Multiplicada humedad que no se absorbe por las pieles.
Ansiedad que se derrama porque no cabe y ahora salta,
brinca sobre el metal de los trenes.
Quiere ir a suicidarse montada sobre los rieles,
pero fácil se resbala,
vuela y vuelve
a caer sobre quienes
los pies arrastran porque llegar a donde van no quieren.

Vuelve a llover mi amor dañado
bañando el rostro de quienes
no conocen el amor ni que se les ponga de frente.
Y se secan
se secan sin dejar que beban las pieles.
Sedientas quedan.
La lluvia sólo moja al que se quiera mojar, parece.

Pero ver esta película me hace desatar tormentas,
mientras tiemblo de frío y lloro veneno pero
ya no quiero bajar,
la altura me atrapó.
¿Será que
ya desvarío
por falta de oxígeno?

Sobre las nubes no llueve.

[iniciación]

Pasillos llenos de gente,
colmillos empujando dientes.

Colmillos en los pasillos
tan cerca de la gente.

Colmillos oliendo cuellos.
Cuellos desnudos.

Las puertas no abren,
pero sí los labios.

Festín de dientes y sangre,
orgía de vampiros y zombies
-han detectado sangre fresca-

Huir a espacios abiertos,
tan abiertos
que casi no había suelo
que pisar.

Enfrentar
el vértigo de la soledad
confrontado con las ganas de volar.

Sudor que alerta,
adrenalina que tienta.
El viento catalizador
de esta historia.

Y un latido acelerado impulsado por cortisol
-difícil es volar
si los músculos están tensos-

Batalla entre el deseo y el miedo,
que gane el mejor.
Igual el perdedor
soy yo.

Si me salen alas,
prometo hacerlo mejor.

Besar el suelo.
La arena
hace cosquillas en mi cuello.

Reír a carcajadas.
Es que me hace tanta gracia
no poder caminar y darte cuenta que tampoco sabes volar,
y que no importa.

Iniciación
a lo *City of Angels*.

Es anormal
ir en modo hipersensorial.

Es animal
el vivir sin esperar
nada a cambio.

Trascendental,
enfocar la mente en algo
para recordarlo.

[la inevitable soledad de ser]

La noche se desangra en estrellas.
No son para ella.
La noche recita poemas.
No eran para ella.
La noche grita en estruendos de coches veloces,
que cantan canciones.
Nunca fueron para ella.

Para ella no es la noche
en habitaciones
que apagan la luz al verla.

La noche trae tentaciones,
y todas las voces
que no dejan dormir.

Dónde está el silencio cuando hace falta
para dormir.

No le hizo falta nunca el ruido del aplauso,
ni estrenar un auto,
ni destellos de flash.

Mas de noche en el borde
de la cama se sientan fantasmas sin nombre
que llenan el cuarto de negra soledad.

Se siente de noche el desborde.
Las ganas de extender
el ser en otra piel.
Mirarse en otros ojos.

El alma pide de noche el desdoble.
El alma llama de noche otro nombre.
Su alma sabe que no tiene nombre.
Y repite y repite ese nombre.
Y repite y repite intentando tapar.
Ella sabe que el nombre lo absorbe.
Ella suda, despierta de golpe.
Tras verle, al del nombre en un sueño fugaz.

El fantasma, sonriente,
ha comenzado a hablar,
de la inevitable soledad de ser.
Ella sabe que no debería escuchar.
Pero no puede cerrar los ojos.
Y a su alma le abrió los cerrojos.

En un suspiro, escapar de la noche,
de los nombres,
y de la soledad de ser.

\\\

[doble o nada]

Doble o nada ya me cansé de tímidas apuestas.
De jugarme casi nada
y perderlo todo.

Y qué importa si pierdo el pellejo me lo juego,
me lo bebo,
me lo apuesto,
y si soy eso,
pues lo pierdo,
qué más da…

Ya perdí todo una vez
no salí ileso
pero hoy
sí que amo mis cicatrices
y desvisto a las actrices
se quiénes son a leguas yo les siento el corazón
artificial.
No es natural
que me quieras.

Yo te empujo y tú te raspas con el borde de la acera.
Puedo ver sangre,
y demonios... ¡es real!
Sí que es real.

La cerveza se me atora en la garganta.
¡Un momento! debo recomponerme.
Casi me engañas, ¡no puedo volver a perderme!
Huyo de ti y de tus mentiras no puedo volver a perderme.

Si estoy dispuesto a perder todo es precisamente
para encontrarme nuevamente.
Porque el brillo de las pantallas me enceguece
Porque la vida y la muerte se pelean por mí a veces,
y su pelea me vence...

Y se me olvida que la muerte
es sólo un episodio,
y que sólo hay vida,
y que la muerte es una ilusión.
Pero ella me persigue
y escapar
me hace botar
las energías.
Que me perdone la vida,
que me perdone la vida
las veces que la olvidé.

[black friday]

Vender soledad
en rollos de papiro.
El inventario no vendido
Me lo fumo en cigarrillos.
Escapan lágrimas de humo,
escapan de mí.

Espirales ascendentes
trepan por las ramas,
se encaraman en las nubes.
Ya no puedo verles.
Ya les echo de menos.

Allá van con mis recuerdos,
como neutrinos
que escapan de mi núcleo.

Allá van y mis silencios
enterrados en mi pecho
van repasando la curva
del signo de interrogación
que me perturba.

Luego aparece en las penumbras
de la noche y los insomnios
que vigilan mis demonios.

No te asomes.

[desprender]

Qué hago con la arena
que me cae.
Atrapada en este reloj,
y no. Aún no entiendo las horas.

Intento sacudirme
la arena.
Aún no sé
qué hacer con ella.

Mientras la soplo y me rasco el ojo,
pienso y pienso
hasta que me duermo.
Y al despertar,
todo mi cuerpo cubierto.

Y sólo había que acostar el 8
para volverlo infinito.
Arrullarle hasta dormir,
y va desprendiendo zetas.

Y de nuevo tengo seis.
Construyo
un castillo
donde no habitan princesas.
Y una pelota de playa
viene a derribarlo,
viene
a sacarme de la fantasía,
pero el ocho apenas brinca,
sigue acostado
desprendiendo pájaros.

Sigue volando,
sigue desprendiendo pájaros.
Sigue coleccionando palos,
sigue desprendiendo pájaros.
Sigue andando,
sigue.

\\\

[la explosión]

Tomaba mi cabeza
para contener la explosión.
Sistema respiratorio reconvertido
en acelerador de partículas.
El aire me recorre en remolinos.
Tos explosiva reflejo,
mi cuerpo quiere sacudirse del hechizo.
Pero no encuentra el *power off*.

Y sigo acelerando,
rompo la barrera del sonido,
ya veo como el tiempo va bajando de ritmo.
Escucho mis latidos
como un tambor, como gong.

Ya voy llegando
a la cuarta dimensión.
Ya esto a mí me está gustando,
ya no tomo mi cabeza ya me voy liberando.

Ya voy traspasando
la velocidad de la luz.
Ya no tomo mi cabeza porque ya no la hallo.
Si es aquí que vive Dios,
¿por qué nos ha condenado
a vivir entre la mugre,
entre la sangre y los charcos?

[un misterio]

El mundo es un espejo y no me quiero mirar.
Volver es un misterio que no quiero descifrar.
Porque la imagen que me muestra no es reconfortante.
Porque dijeron que podía ser alguien importante.

Sentir que estoy muriendo y no me quiero despertar.
Vivir en un infierno y el escape está al cruzar
la puerta y aterrizar
en la cama y volar.

Volar es el remedio.
Volver es el misterio.
El misterio es el remedio que no quiero
porque me sabe mal.

[richter]

El tiempo se mueve
como una aguja sísmica,
y mi piel papel registra
el movimiento errático
en sus curvas.
Su locura en mí tatúa
y va escalando, va montándose en el 10...

El tiempo me pone
siempre contra la pared,
al borde de una cornisa,
enredada en cualquier red.

Cierro los ojos y espero esa ola,
la ola que juega a ahogar surfistas.
Y la aguja me quema y la ola me tumba y la vida me asusta porque no
se le ve el fin.

Y me escondo entre las piedras y el mar me estrella contra ellas
y le grito al mar que me deje en paz.
Y mis gritos no se oyen
y las piedras no me quieren abrazar.

Decidir salir
con los labios amoratados
y las manos malheridas.
Son las marcas
de luchar contra la vida.
Y ahora enfrento
las tumbas y su cemento,
su cemento
que quiere bailar con el viento,
el viento
sigue con sus cachetadas.
Yo le respiro dejo que me vea por dentro
Viento dime qué ves allí.
Yo lo dejo con las ganas de ganar.

Yo me inspiro en las batallas que perdí.
Yo ahora vivo por las veces que morí.

[sin ceros]

Gota a gota deshaciendo,
parece mentira que este hielo
fuera alguna vez cuchillo.

Mota a mota desnudando,
parece mentira que ese árbol
fuera alguna vez refugio.

Bala tras bala quemando,
parece mentira que ese desierto
fuera alguna vez paraíso.

Línea a línea tachando,
parece mentira que ese rostro
fuera alguna vez billboard.

Tú que fuiste billboard,
que fuiste cuchillo,
fuiste refugio
y fuiste paraíso,
¿a dónde vas ahora?

A dónde vas con esas heridas,
chorreando sangre por la acera,
dejando colgada tu esencia
en alguna bandera...

Tu mirada se vacía,
y se va escapando el alma
a otro plano,
a un estado
liberado.
Y, dime ¿quién eres ahora?
sin tu ropa y sin tus cosas,
sin aromas y sin ceros…

T
R
[ceniza]
S
P
A
S
A
R

[tú no existes]

El futuro, tartamudo
no termina de arrancar
¿Pasa algo malo?
le pregunto
y no me sabe contestar.

El futuro tan nervioso no me quiere a mí mirar,
mira el pasado con nostalgia
y llora lágrimas que corren y se adhieren bien al suelo.
Yo al pisarlas me he trancado,
mis pies pegados al duelo.

Voltea a mirarme, a esta cara, esta que llama presente,
un ataque de ansiedad revela la vena que palpita en su frente.
Parece que no le siento buen precedente.
Parece que no le gusta que esto sea su antecedente.

Y algo balbucea entre saliva espesa que escapa de entre sus dientes:
"Estas con-con-condenado",
mientras salgo de mis zapatos
y ya descalzo me le planto,
le miro cerca y de frente.
Siento su aliento acelerado
quemar mi piel y siento que me vence.
Luego le digo "tú ni existes" y veo cómo
desaparece.

[volver]

El cirujano el escalpelo el corazón abierto.

Escalofrío.
Ese era yo,
susurrándole al oído.
pretendía animarle no asustarle
pero ha temblado su pulso.
Ha fallado por milímetros y a chorros ahora me fugo.
Ahora me fundo
con el aire y las paredes.

No sé volar tras el pinchazo.
Soy un globo errático y qué hago...
Me fui por la ventilación del aire acondicionado.
No me dio tiempo despedirme de mi cuerpo amoratado.
Y sentí que moría de nuevo pues no me había percatado
que ese no era yo y entenderlo fue algo demasiado extraño.

Salí por un tubo de media y me dispersé en millones de pedazos,
pero en todos era yo íntegro sin embargo.
Y volé sobre París y Japón al mismo rato.

Salí de órbita sin control me puse de nuevo en alerta,
porque no quería despegarme de la tierra,
porque pensé que de allí era que eso era,
y me golpeó como meteorito el darme cuenta
que tampoco de eso era y que me inflaba,
que me estaba
convirtiendo en algo grande más grande que cualquier planeta.

Pero
convertir no es la palabra porque es que ya eso yo era.
La palabra es volver.
Gracias, doctor.

[panick attack]

Porque las nubes tuve
que atravesar.
Porque hacían falta
estrellas que poblaran mi cielo.

Saltaba entre constelaciones,
buscando más emociones,
alterando percepciones
hasta caer
en ese puto agujero negro,
ahí donde se para el tiempo
en un insomnio perenne
sin auroras de consuelo.
Sin poder volver.

Y tu mano congelada aún se despide
en el evento de sucesos,
como flash eterno que titila en el ojo.
Y yo me congelo diciéndome de todo.
Y no hay cóctel de ansiolíticos que detengan el ataque,
mientras la carne se deshace,
mientras mi corazón activa la operación desarme.

Bomba de tiempo en medio de las sienes,
envuelta en cables.
¿Cuál cortar?

Sudor
que no sabe correr sobre piel
resquebrajada.

Amor
que no sabe entender lo que es lamer
la piel salada.

Amenaza contenida,
bomba 1 desactivada.
Vaciado de pensamientos
para que fluya la sangre.

La lágrima
que relamió el camino
más amargo,
el grito que terminó en suspiro
del latido que recorrió el camino
más largo
por fin llegó.

\\\

[seducido malherido de codicia y libertad]

Estás a un click de acceder a la chispa, sólo presiona apagar.

Yo estoy allí.
Por fin me ves con los ojos cerrados sin mis ropas.

Ya estás allí.
Desnudo de las cobijas que tantos pecados arropan.

¿Esto era? Sí.
Nada de excesos ni de lujos, no era eso.

¿Esto era? ¡Al fin!
Volver al centro tan tapado por kilómetros de miedo y seudo
conocimiento.

Encontrar
que aún palpita
y brilla como el primer día,
ese en que me desperté llorando porque lo sabía,
que todo olvidaría
al romper por sus fuentes,
porque alguien me daría
un nombre, un apellido y en un papel
una condena a muerte.

Y en un papel una condena a muerte.

[todo lo que una mirada destapa]

Por fin vi tu cara
desnuda de máscaras,
sólo piel sintiendo
la caricia del aire,
la belleza del aire.

Sin querer, desnudez.
Sin poderlo prever,
sin querer poseer,
poseer.

Por fin vi la estatua
rascarse la cara,
por querer quitarse
la maldad del aire
al volverse nadie
sin querer.

Sin querer ser,
deslumbrar.
Queriendo acariciar,
traspasar,
traspasar el umbral de ser.

Y por fin vi mi cara
desnuda de madrugadas,
a plena luz, sin alas.
Y encandilada,
sin querer percibir,
percibir.

Destapar
el umbral de ver
todo lo que una mirada destapa.

[las ventajas de vivir en lo profundo]

Soy el monstruo que te come desde adentro.
un parásito eclesiástico siniestro
que baila en las sombras
al ritmo de un canto gregoriano.
Mientras el órgano retumba,
cuerdas vibrando más alto.

Somos dos de esas criaturas nunca expuestas
a la luz por aquello de vivir en lo profundo,
de morir en lo profundo sin conocer el mundo.
¿O son ellos los que no conocen nada?
Desde la superficie nada alcanzan...

Capa tras capa, pala tras pala,
no llegan.
Bala tras bala, falla tras falla,
ni un rasguño.
Es la ventaja de vivir en lo profundo.

Pero es uno,
el diferente el que aguanta
las miradas de disgusto.
Es uno
el que se siente
retraído, excluido.

Pero
a mi club híper exclusivo
no serás nunca bienvenido,
ni entenderás aunque te escriba
60 tomos de libros.
Prosa o poesía,
tú no entiendes
por qué somos diferentes.

Te lo decía,
tú no entiendes
porque somos diferentes.

Ya me callo.
En debates ya no caigo.
Da igual,
si nadie entiende
porque somos diferentes.

[cristales nuevos]

Y mi fricción buscando labios nuevos,
buscando fuego nuevo.
Buscando el resplandor que dejan momentos eternos.
Huyendo del hedor que dejan los momentos muertos.

Mi tentación buscando piedras nuevas.
Y es que no quiero quedarme tan lejos del suelo.
Ya no huyo del dolor porque deriva de momentos buenos.
Yo huyo de esos hombres de un millón consejos
porque a más de uno vi muerto
enterrado bajo el peso de su propio ego.

No sé qué dicen es el eco
que hacen los pasos de millones que siguieron
el mismo sendero.
Yo no les sigo, yo he elegido
incrustarme en los pies
cristales nuevos.

\\|\\

[te deseo suerte]

Me alimentaba de muerte
como los gusanos,
no podía detenerme
y se me fue de las manos.
Sin fuerza ya
se despegaron,
y también lo hicieron los brazos.
Y como buen
gusano me arrastro...

Huele a muerte y ahora soy yo...

Tan negro
es el color de la muerte
que te atrapa que te envuelve
y ya no sabes
dónde terminas ni comienzas

Ya no sabes
si puedes abrir tus ojos,
si están cerrados,
si están o no...

Y es que es tan negro,
que no sabes qué está y qué no.
Difícil es alcanzar algo
si no sabes ni dónde están
tus brazos.
Y se empieza a borrar
toda memoria visual
por falta de referencia.
Ya no sabes qué buscar.
Cuando dejas de intentar
ahí es que empieza la paz.

Y entiendes
que no hace falta cuerpo para poder moverse.
Que ahora sin masa puedes
mas bien correr más fuerte
romper el límite de velocidad,
liberarte de Newton y sus leyes,
de la plebe, de sus reyes,
de la gente de sus redes,
de los números, sucede

que sin envase puedes expandirte disiparte elevarte dispersarte
que sin mente puedes escapar del disparate,
liberarte de los cables,
conectar directo a la fuente en modo wireless.

Que sin cuerpo ya no hay miedo a la desnudez.
Que sin tiempo ya no hay presión por la inmediatez.

Y entonces entendiste
lo que eras.
Porque no hubo más preguntas,
ni siquiera había lengua
para enredar
con palabras lo evidente.

Esto le tapa la boca al tonto más elocuente.
Y cualquiera que haya pecao no es delincuente,
son las piedras que nos tiran las que nos alejan de la fuente.
¿Quién
retransmite este mensaje en fm?
Tú
no escuchaste nada porque sólo te dio el olor a muerte.
Te deseo suerte.

[el laberinto]

Se la pasaba persiguiendo las esquinas.
Absorbían
los vértices toda su energía.
Ella no quería salir del laberinto.

Huía,
vivía
en el refugio de un ángulo recto.
Me decía:

Aquí
se devuelve el viento se revuelven los recuerdos.
Fábrica de remolinos que por dentro multiplico
y complemento con mi avanzado simulador de sismos.

Lo mío no es egoísmo,
es preferencia
por los momentos lentos.

Que en mí rebote el viento,
es eso.

Rincón refugio divino donde nadie a mí me vio
retorcerme revolverme odiarme amarme ser mejor.
Donde no llega la escoba
es donde quiero vivir yo.

Que me traspase el viento.
Siento
que el tiempo pasa lento.
Es eso.

Ella no quería salir del laberinto,
y yo no podía entrar.

[la felicidad de un hueso roto]

Costillas jaula que encierran tormentos,
y la llave perdida en algún pozo.
Vibración desesperada intenta quebrar
hueso y piel escapar.
Escapar
y flotar.

Carne viva ansias de sal.
Pies sedientos de explorar.
Calma lenta en expulsar
demonios.

Demonios tontos,
los que andan tirando
llaves en los pozos.
Demonios celosos
de la felicidad.
Huesos rotos.

Escapar,
flotar,
buscando contemplar
el misterio ambulante
no atrapable
y respirar
libertad incondicional.

Aleteo incontrolable
del ave que delirante
olvidó decir adiós
antes de emprender el viaje.

Inhalar
la felicidad de un hueso roto.

[huracanes]

Yo vi huracanes suicidarse en costas.
Y vi claveles despertar en rosas.

Vi tantas rosas con espinas rotas.
Vi tantas cosas acabar en otras.

Vi ángeles negros con las alas rotas.
Vi el paraíso arder de la ventana de un avión.

Vi fuselajes vueltos bala caer en picada,
herir la tierra hacer la guerra sin razón.

Vi tantas cosas que la ciencia no explicaba.
Y me asomé al vacío que amuralló la religión.

Me asomé en tantos sitios en tantas cosas,
y en ninguna lo encontraba.
En ninguna me encontraba.

Decidí mirar adentro yo pensaba
que la oscuridad no me dejaría ver nada.
Y así fue los primeros dieciséis segundos.

No sé por dónde entró la luz.
Todo se fue pintando de colores.
Decidí adentrarme más,
y más
y más.

Y ya no quiero salir.
Por donde entró la luz,
saliste tú.

[segundero]

La prisa no te deja ver
todo lo que cabe en un segundo
sin saber qué hora es.

La misa no te deja ver
que es tuyo.
Es tuyo ese segundo.
Pero no te dejan ver.
Yo ya paré el cronómetro porque no quiero saber.
Yo rompí el reloj porque no quiero ni ver
qué hora es,
y para qué
porque ya sé
todo lo que cabe en un segundo.

Romper.
Rompo la red,
voy más profundo.
En el umbral de la oscuridad.
Son pocos los que se atreven a entrar
porque no se ven
las horas ni las caras
pero sí que se siente el alma.

Si la oscuridad me atrapa
y no me deja salir,
si no saben más de mí,
quiero que sepan que sí fui feliz aquí.

[fábrica de niebla]

En la absoluta oscuridad de mi miseria,
no entra la luz
ni por las grietas.

No hay grietas
por donde puedan escapar
los gritos.

En la injusta soledad de mi existencia
entra la niebla
a acompañarme.
Ella me dice que me calme
y su voz es un susurro etéreo.
En mute el estéreo,
en pausa los nervios.

Luego empiezo a fabricarla.
No sé donde empieza ella
y termino yo.

Era tan densa la nube
que no me habia dado cuenta
de lo cerca que estaba del suelo.
¡Pum!

Despertar
con las rodillas raspadas
y una sonrisa en la cara.

[desde la salida]

Dándole besos a la muerte para apreciar la vida,
antes me había metido en una caja de cristal, no sabía lo que hacía.
Rozar la muerte con los dedos ver vida desde la salida,
es estrenar un escenario que, no sabías que existía.

Yo ya decía desde pequeño que no llegaría a viejo,
mas empecé a seguir las reglas y, me entregué al juego.
Y vi lo amargo de mi ego en el espejo, no era yo.
Vi brillo en todo lo nuevo, no, ese no era yo.
Y tuve miedo de lo incierto no supe que, allí estaba yo.

Fui ciego y tuve que romperme el puño en el espejo para dejar de ver
al ser que me engañaba y que, no, no era yo.

Y vi lo enfermo de este juego donde sólo fui un espectador.
Y vi el silencio que gritaba en mis adentros ¡por fin!
Y vi la muerte anunciar mi llegada al mundo.
Y desperté por fin de este sueño profundo.

A mi alrededor sólo vi zombis, les grité pero, son sordomudos.
Corrí buscando a alguien despierto,
vi al fin unos ojos abiertos,
eran los tuyos y supe en ese momento
por qué no hube de morir...
Y es que el amor es otra cosa
cuando estás despierto.

[hay escaleras]

Hay escaleras que no llevan a ninguna parte.
Hay escaleras que no sabes si suben o si bajan,
hay escaleras, como esperas
que no sabes en qué terminan.

Hay escaleras que rompen rodillas.
Hay escaleras, como esferas,
que empiezan donde terminan.
Hay escaleras que llevan a abismos,
pero

hay escaleras que te llevan a ti mismo.
Abajo y arriba afuera y adentro,
todo es lo mismo.
Lleva tiempo, un poco, esto es a fuego lento
y luego, ¡el big bang!
Tú espera y verás.

Verás nacer estrellas ves nacer otro universo.
Y muere el ego sólo en ese agujero negro.
Tú estiras el espacio porque no estás muerto.
Porque eres todo lo vivo porque todo está vivo.
Vivo el cielo y la escalera que te trajo,
vivo el vuelo y el brillo ese que te atrajo.

Abajo, arriba, afuera, adentro,
todo es lo mismo.
Todo está vivo y eso me pone contento todo está vivo
y eso me pone contento.

[el ardor]

Que se caiga el cielo que se seque el viento
y no me bese más.
Que se caiga que me caiga encima,
que me vuelva cima.

Así,
el sucio me vacía.
El ruido vuelve rima.
El polvo vuelve a serme sin mirarme y ya
avalanchas de hielo sobre mí me traen.

Que no me llame el viento que no me mire más.
El cielo es mi cobija y ella a mí me va a llevar,
volando a otro lado y no quiero visita.

No hay nada más que hacer con esta vista.
Hay que cerrar los ojos.
Tiemblan los párpados porque sienten que no estamos solos.
Pero ya no hay lodo.

No hay arena que se estrelle y quiera enterrarse en mis poros.
No hay ardor en una respiración.
Porque no hay azufre en el aire.
Porque soy el aire
y soy del aire.

Viento no me busques más ya yo me fui.
Viento quédate dando vueltas más abajo, ahí.
No me enncontrarás ya yo me quedo aquí.
Aquí en ninguna parte y en todas porque soy de allí.

Y nunca me encontraste pero estaba, allí estaba.
Estaba allí siendo tuya y mía por aquí.
No lo entendiste y en un tornado destruiste
todo a tu paso y también borraste mis pasos.
Vuelto tornado ni siquiera te acordabas de mí.

Sólo querías a ciegas arrasar y todo destruir.
Y lo que quieres, tú lo logras sabes que es así.

Ya en calma tuviste que apretar fuerte los ojos.
Vamos ábrelos, cobarde, esto lo hiciste tú.
Casas sin techo, pueblo desierto, eso lo hiciste tú.

Así no puedes encontrarme nunca vas a hallarme.
Viento mejor no busques más que nunca vas a hallarme.
Llora, vacía nubes, nunca vas a hallarme.
Baja, vuela por túneles, no vas a hallarme.

Vuélvete brisa y hablamos, dale lento y temblamos.
Hace viento, no estamos.
Habla viento, no silbes.
Gritas viento, no sirves.
Vuela conmigo en una nube y nos volvemos raíces.

¿Viste?
Todo pasa y tú persistes.

[teoría de la evolución]

Nadie sabe quién es hasta que se pierde.

Perderse en ese cielo estrellado,
en un rincón o en el tejado,
en el golpeteo al teclado,
en aguas profundas o en nubes sin luz.

En vicios que atontan,
miradas que ahorcan,
en calles que hechizan, faroles sin luz.

Volver
hecho mierda
a la superficie.
Así fue que naciste,
morado mojado y con miedo a la luz.

Esta vez ya lo ves, que la luz eres tú.
Y activada por compresión,
la irradias.

[la casa de los misterios]

Solía vivir
en la casa de los misterios
donde nadie podía entrar.
¿Qué tanto habrá allí adentro?
Polvo y libros, nada más.

Ahora, a kilómetros de distancia
Parece que sigo viviendo
en la casa de los misterios
donde nadie logra entrar.

Siempre a puertas cerradas,
solo marcianos entrarán.
La entrada, un shot de tequila,
y ya adentro encontrarán
sal y limón, polvo y libros,
y otras sorpresillas más.

Cuando el alcohol llegue arriba,
habrá entrada libre
ladies night y happy hour
cotillón y hora loca,
zancudos locos, Chicas del Can.

Algunos, espantados saldrán.
Preferían
la escenita de portada
"La casa de los misterios",
enigma hermoso y virginal.

Pero la casa de los misterios
se ha vuelto museo,
y a los libros les he quitado el polvo.
Me los he bebido todos,
y se los puedo recitar.

Es la casa de los misterios,
biblioteca infierno.
Donde hay un libro que trata de todos los libros.
Donde hay un hilo que conecta todos los hilos.
Donde hay un sismo que voltea todos los muñecos.
Donde hay un simio que tira piedras a todos los espejos.
Donde hay un hijo que también es padre y papá de un hijo.
Donde hay un vino que se derrama en todos los sentidos.
Donde hay quinto que se adueña de todos los cuartos.
Donde hay un cuarto oscuro en el que los misterios se van revelando.
¿Pasamos?

[la demencia solitaria] ·

Se van agotando las curas para mi demencia,
(difícil curar con placebos a un escéptico que no cree en la
ciencia).
Ella sola evoluciona y va creando conciencias,
realidades paralelas con sendos sets de creencias,
que incursionan en el mundo sin dar señal de su presencia,
más que una sutil fría brisa que va levantando vellos y creando
dependencias
al cigarrillo y las mantitas (si no hay brazos disponibles).

Pongo y dispongo mi vida,
mi demencia será accesible
al que quiera escoger una carta de este mazo
al que la quiera devolver y guardarla en su despacho
de memorias invisibles, de secretos y de encantos.

Voy lanzando mis hechizos,
pero han rebotado en varios.
Se resbalan en cualquiera que esté adscrito a este teatro.
Van a parar al desagüe y diluidos, ya dibujan caras tristes con
aceite colorido.

Y mi demencia
queda muda se muerde la lengua y escapa del abecedario.
Va volando va subiendo a nuevos niveles de espacio.
Donde el tiempo es otra cosa, donde flota con los astros.

Su voz vuelve liberando gritos autocensurados,
haciendo un círculo perfecto con esta onda sonora.
No hay donde chocar ahora,
no habrá ecos, no habrá horas.
Sólo a solas en mi trance mi demencia no está sola.

Mi demencia no está sola
por ahora.

[el principio y el final]

De la vida siempre nos perdemos
el principio y el final.
El espectador nunca supo
qué sucedió en realidad.

Protagonista antagonista de tu historia,
tus memorias venderán blasfemos mercaderes y tú, bastardo sin gloria
y sin historia

Porque lo escrito es herejía y lo vivido es lo que el viento se robó
como un sueño se perdió,
igual que la vida,
sin principio ni final.

No hay principio ni final en un círculo,
no lo busques.

No hay principio ni final en el tiempo,
no lo busques.

no hay principio ni final en lo que eres,
no te asustes.

[outro]

¿hay alguien allí?

Sabes que sabes, pero no sabes qué.
No puedes ponerle palabras,
pues lo que sabías no cabe
en el medio millón de casillas de excel.
Lo que sabes no cabe en un tuit,
porque rompe
el abecedario, rebota en el calendario.

Y lo sabes, que hay algo,
algo más.
No lo puedes, no lo sabes descifrar.
Porque sólo con palabras, piensas.
Y ese algo ya lo dije no sabe de abecedarios.

Y sientes, que hay algo,
que hay alguien
allí.

Lo sientes, ese algo
ahí fuera y aún dentro
de ti.

¿Qué es? ¿Es un ángel?
Tiene alas,
me echa viento.
¿Qué es eso?
Está cerca, lo siento.

¿Hay alguien allí?
Creí por un momento verlo.
Era sólo
mi reflejo
¿Era sólo mi reflejo?

[inmersión total]

Sumergirse.
Bloquear
el sonido y olvidar
todo el mundo conocido.

La realidad
se comienza a difuminar.

Las burbujas
anuncian ya el final
de la aventura
porque aire hay que aspirar.

[final alternativo #57]

Ya llevaba tiempo sin perderme.
Todo se salió de control cuando ya
fuimos 7.

Ahora me vencen
estas ganas de frenar.
Justo cuando estoy a punto de saltar he
comenzado a levitar.
mi pecho se abre y lo que vi adentro era irreal,
luz intensa electricidad.

Esto es lo que yo
todo el tiempo era.
En mi pecho está la llama que puede acabar con todas las guerras.
Este es mi rapto el final que elijo para mi novela.

Si no vienes ahora yo te invito para la secuela.
Hoy somos 7 mañana seremos más.
Seremos tantos que ya no nos podremos contar.

Dicen que todos los finales son también principios.
Acabemos con esto y resucitemos desde el precipicio.
Si no me entiendes ahora mismo no hay lío,
ya pronto saldrás de tu laberinto.
Cuesta varias vidas pero vale sí que vale hasta el último suspiro.

Hoy somos 7 mañana seremos más,
seremos tantos que volveremos a ser unidad.
Pero
no hay nada que yo te pueda explicar
esto lo tienes que presenciar.

De ponerle pausa al tiempo,
si no hay mañana es más fácil vivir este momento.

www.ingramcontent.com/pod-product-compliance
Lightning Source LLC
Chambersburg PA
CBHW062214150726
47991CB00006B/2272